CONDITIONS DE LA VENTE

Elle sera faite au comptant.

Les acquéreurs paieront *cinq pour cent* en sus des enchères.

TABLEAUX MODERNES

CARRIÈRE
(C.)

1 — *L'Amour maternel.*

> Une femme tient entre ses bras ses deux enfants qu'elle porte avec tendresse.
>
> Signé en bas, à droite : *Eugène Carrière.*
>
> Toile. Haut., 45 cent.; larg., 55 cent.

CASSAT

(MARY)

2 — *La Dame à l'éventail.*

Elle est vue à mi-corps, assise sur un sofa. Son bras droit replié supporte sa tête. Elle tient négligemment de la main gauche un éventail.

Signé en bas, à gauche : *Mary Cassat.*

Toile. Haut., 65 cent.; larg., 51 cent.

CÉZANNE

3 — *La Cour de ferme.*

Toile. Haut., 60 cent.; larg., 71 cent.

DAGNAN-BOUVERET

(P.-A.-J.)

4 — Une rue d'Alger.

A droite et à gauche, des mosquées ;
au fond, une ruelle étroite.

Signé en bas, à droite : *P. A. J.
Dagnan-B. Alger, fév. 97.*

Toile. Haut., 40 cent.; larg., 23 cent.

DAUMIER

(H.) *K. 282*

5 — Le Bain.

Quelques hommes se déshabillent à
l'ombre d'un arbre. A gauche, l'un
d'eux s'apprête à se mettre à l'eau,
pendant qu'un autre, plus vif que ses
compagnons, nage au milieu de la
rivière.

Bois. Haut., 25 cent.; larg., 32 cent.

DENIS

(MAURICE)

6 — *Five o'clock.*

A gauche, une jeune femme vue à mi-corps est assise. A droite, une jeune femme debout porte le service à thé.

Signé en haut, à gauche : *MA VD, 92.*

Toile. Haut., 45 cent.; larg., 55 cent.

FAUCHÉ

7 — *A la Promenade.*

Pastel.

FAUCHÉ

8 — *Dans la rue.*

Pastel.

GUILLOUX

(C.)

9 — *Bords de Seine, la nuit.*

Signé en bas, à gauche : *C. Guil-
loux, 97.*

Toile. Haut., 28 cent.: larg., 62 cent.

GUILLOUX

(C.)

10 — *Bords de Seine, clair de lune.*

Signé en bas, à gauche : *C. Guil-
loux, 1897.*

Toile. Haut., 25 cent.: larg., 52 cent.

TOULOUSE-LAUTREC

11 — *Jeune Femme assise sur un banc.*

Elle est vue à mi-corps, de profil à droite. Elle est blonde ; vêtue d'une chemisette blanche et d'une veste de couleur sombre.

Fond de paysage.

Peinture à la détrempe.

Signé en haut, à droite : *T. Lautrec, 91.*

Carton. Haut., 67 cent.: larg., 51 cent.

MONET
(CLAUDE)

12 — *Falaise de Varangeville, Coup de vent.*

Le vent vient de se lever avec violence et fait plier les peupliers qui se trouvent en haut de la falaise.

Le ciel commence à s'assombrir. Au fond, la mer, sur laquelle voguent quelques bateaux à voiles.

Signé au bas, à droite : *Claude Monet.*

Toile. Haut., 60 cent.: larg., 73 cent.

MORIZOT

(BERTHE

13 — *Mademoiselle Monet*.

Elle est vue debout, de face, au
milieu de la salle à manger. Elle tient
entre ses mains une tasse, qu'elle vient
de prendre dans l'armoire entrou-
verte. A travers la fenêtre, qui se
trouve au fond de la salle, on aper-
çoit le jardin,

Signé en bas, à gauche : *Berthe
Morizot*.

Toile. Haut., 60 cent.; larg., 45 cent.

PISSARRO

(C.)

14 — *A Pontoise*.

Une bûcheronne, debout, se repose
à l'ombre de grands arbres. Au fond,
le village.

Signé en bas, à gauche : *C. Pissarro*.

Toile. Haut., 55 cent.; larg., 45 cent. 1/2.

PISSARRO

(C.)

15 — *La Route.*

Au milieu de la route, une petite voiture et une diligence. A gauche, sur le trottoir, une paysanne. Au fond, la route descend brusquement.

Signé en bas, à gauche : *C. Pissarro.* *1863.*

Toile. Haut.. 38 cent.; larg., 46 cent.

RENOIR

(A.)

16 — *Jeune Fille lisant.*

Elle est vue de profil à gauche et tient entre ses mains un livre qu'elle lit avec attention. Elle est vêtue d'une légère chemisette, qui laisse à nu son épaule.

Tableau de la plus belle qualité.

Signé en bas, à droite : *Renoir.*

Toile. Haut., 40 cent.; larg., 32 cent.

SISLEY

(A.)

17 — *Sur le Loing, à Moret, en novembre.*

Quelques barques sont amarrées au quai. De l'autre côté de l'eau, une maison au toit de tuiles rouge. Au fond, le village de Moret.

Signé en bas, à gauche : *Sisley, 89.*

Toile. Haut., 32 cent.; larg., 40 cent.

SISLEY

(A.)

18 — *La Voie ferrée.*

La terre est couverte de neige. Au fond, un chemin de fer passe avec rapidité au milieu du paysage désert.

Signé en bas, à droite : *Sisley.*

Pastel. Haut., 45 cent.; larg., 53 cent.

Paris. Imp. Georges Petit. — 7759-99.